Fisch GEGRILLT

Fisch GEGRILLT

Mit Rezepten von Lukas Nagl

Servus

Lukas Nagl ist Koch des Jahres 2023, Chefkoch des „Bootshaus" am Traunsee und Grillmeister dieses Buches.

INHALT

BEILAGEN

VORBEREITEN

Die Abendsonne, die Lichtung am See,
das offene Feuer im Grill: So schön kann Sommer sein.

Die Liebe zum Fisch zeigt sich bei Lukas Nagl nicht nur am Küchentisch, sondern auch an der Kleidung.

EINLEITUNG

Selten schmecken Wasserbewohner besser als gut gegrillt – mit knuspriger, rauchiger Haut und saftigem Fleisch, das noch heiß ist von der Glut. Für mich gibt es keine bessere Methode, Skeptiker von Fisch zu überzeugen, und es gibt auch wenige Zubereitungsarten, die so viele Möglichkeiten zum Experimentieren bieten. Denn Grillen muss nicht immer nur heißen, etwas auf einen heißen Rost zu legen. Räuchern, schmoren, indirekt garen, braten – all das gelingt am Griller mit dem richtigen Zubehör hervorragend. Das gibt es heutzutage in großer Vielfalt im gut sortierten Fachgeschäft.

Klassisch gegrillt sind sowohl Filets als auch ganze Fische köstlich. Dass viele Grillfans trotzdem Respekt vor dem Fischgrillen haben, liegt am lästigen Klebenbleiben, das die Sache manchmal ein bisschen komplizierter macht. Dagegen hilft vor allem Mut zur Hitze, der Rost muss also beim direkten Grillen wirklich sehr heiß sein. Wichtig ist außerdem, immer mehrere Temperaturzonen zu schaffen, die Kohle also nicht gleichmäßig unter dem Rost zu verteilen, sondern eine heiße und eine weniger heiße Seite zu schaffen, auf der dann indirekt (weiter-)gegart werden kann.

Grundsätzlich sind Filets etwas einfacher perfekt hinzubekommen: Grillen Sie sie stets nur auf der Hautseite, bis sie fast gar sind, und lassen Sie die Fleischseite dann nur wenige Sekunden den heißen Rost küssen – so, wie Sie sie in der Pfanne braten würden.

Ganze Fische grillt man am besten ungeschuppt, dann kleben sie nicht so leicht an. Bei uns in Oberösterreich werden sie traditionell als Stangl- oder Steckerlfisch gegrillt, und diese Methode hat einen entscheidenden Vorteil. Denn der Fisch kommt dabei nie mit einem Grillrost in Kontakt und kann daher auch nicht kleben bleiben. Auch Fischgitter für ganze Fische ersparen einem das Problem, oder Fischspieße, die wie beim Yakitori ohne Rost über die Glut gelegt werden, etwa zwischen zwei Ziegelsteinen. Einige Einschnitte auf der Außenseite des Fisches sorgen dabei für gleichmäßige Garung, Aromaten im Bauchraum für mehr Geschmack.

Die Faustregel für das Grillen von Filets und ganzen Fischen lautet, den Fisch auf dem Griller niemals ganz durchgaren zu lassen. Denn durch die große Hitze zieht das Fleisch nach dem Garen weiter durch. Perfekt gegrillter Fisch wird also immer vom Rost genommen, bevor der Garpunkt erreicht ist, und darf dann ein paar Minuten rasten.

Am einfachsten gelingen Fische mit festem Fleisch – Stör zum Beispiel ist der ideale Grillfisch, denn sein Fleisch ähnelt in der Konsistenz fast einem Schweinskarree und gelingt am Griller wirklich immer. Ein Forellen- oder Saiblingsfilet ist dagegen etwas empfindlicher. Es gehört nicht direkt auf den Rost, sondern wird indirekt gegrillt – entweder auf einem Spieß über der Glut, auf einem Salz- oder Pizzastein oder auch eingepackt in einem Blatt – von Banane bis Feige und Walnuss eignet sich da fast jede essbare Pflanze.

Mein absoluter Favorit in Sachen Grillzubehör ist der Salzstein. Der darf zuerst eine gute Stunde Temperatur nehmen, sollte dabei aber mit 70 bis 80 °C nicht zu warm werden, er liegt also am besten auf der weniger heißen Seite des Grills. Das ungewürzte Filet mit der Hautseite darauflegen, mit Wacholder- oder Rosmarinzweigen aromatisieren und einige Minuten garen lassen – fertig ist ein fantastisches Fischgericht. Auch ein Pizzastein kann zweckentfremdet werden. Ich empfehle außerdem die Anschaffung einer Gusseisenpfanne, denn die ist ein echter Allrounder, sowohl in der Küche als auch beim Grillen. Von beschichtetem Kochgeschirr bin ich grundsätzlich kein Freund, und vor allem beim Grillen hat es nichts verloren – die hohe Temperatur und die Beschichtung vertragen sich überhaupt nicht.

Was die Beilagen betrifft, gehöre ich beim Fischgrillen zur Weniger-ist-mehr-Fraktion: Die Hauptsache ist das Grillgut. Grundsätzlich passt alles dazu, was auch zu einer Fleischgrillerei schmeckt, also frisches Weißbrot, Kartoffeln oder auch Grillgemüse. Für mich sind die besten Begleiter zu gegrilltem Fisch aber kühle oder säuerliche Beilagen, allen voran Salate. Das müssen nicht immer nur grüne Blätter sein, auch gegrilltes Gemüse kann zu einem wunderbaren Salat werden.

Und zum Schluss: Ich persönlich bin ein Freund des guten alten Kohlegrills. Auch ein Gasgriller hat natürlich seine Vorteile – alles geht schneller, weil nicht erst ein Feuer zur perfekten Glut werden muss, die Temperaturen lassen sich leichter regulieren –, aber: Die Rauch- und Räucheraromen, die auf einem Kohlegrill entstehen, sind für mich einfach unschlagbar.

Der Koch an seinem liebsten Arbeitsplatz:
Im Freien am Grill, links neben ihm die Selchkammer.

FISCH VOM GRILL: VON AAL BIS ZANDER

Feuerfunken: Wichtig ist, über den Holzkohlen Zonen mit unterschiedlichen Temperaturen zu schaffen.

STANGLFISCH/ STECKERLFISCH

Als Stanglfisch dürfen im Salzkammergut nur am Spieß gegrillte Riedlinge verkauft werden, eine besondere kleine Reinankenart aus dem Traunsee. Andere Fische, die so zubereitet werden, heißen Steckerlfisch. Wer keine Riedlinge bekommt, nimmt am besten kleine Reinanken oder Rotaugen/Rotfedern, auch kleine Saiblinge eignen sich gut.

ZUTATEN

· 12 Riedlinge aus dem Traunsee (oder 4 Reinanken/Saiblinge)
· Bäckersalz, grob
· Holzkohle
· Steckerl aus Holz

Hinweis: Bäckersalz ist jenes grobe Salz, das vor dem Backen auf Brot und Gebäck wie Salzstangerl gestreut wird. Es löst sich bei Hitze nicht auf und sorgt für eine spannende Konsistenz. Es ist im Spezialgeschäft erhältlich. Wer keines hat oder findet, kann den Fisch auch nach dem Grillen noch mit grobem Meersalz oder Fleur de Sel würzen.

ZUBEREITUNG

Die Riedlinge werden vom Fischer nur mit einem kleinen Kehlenschnitt ausgenommen. Der Bauch trägt nämlich danach das Steckerl. Die Technik funktioniert aber auch, wenn sie normal ausgenommen wurden. Dann werden die Fische geschröpft, also alle 5 mm eingeschnitten (siehe Seite 130) und auf einen großen, eckigen Holzspieß gesteckt. Dafür fährt man durch das Maul und die Bauchhöhle und dann durch das Fleisch am oberen Ende des Schwanzes wieder hinaus.

Einen Grill mit Holzkohle zum Glühen bringen. Ziegel oder gleichmäßig große Steine so auf die gleiche Höhe aufschichten, dass dann die viereckigen Stangln darauf platziert werden können (wie ein Yakitori-Grill).

Die Fische mit dem groben Bäckersalz bestreuen und dann sehr rasch und kurz von allen Seiten grillen. Der Fisch darf ruhig ein paar schwarze Stellen haben. Sofort und noch heiß mit einem Stück Schwarzbrot essen.

AAL ÜBER HOLZKOHLE

MIT EINGELEGTEM INGWER

Eines meiner Lieblingsfischgerichte ist dieser etwas andere Steckerlfisch. Der Aal wird erst gegrillt und dann mit der Sauce glasiert. In Japan gibt es Restaurants, die nur auf dieses Gericht spezialisiert sind.

ZUTATEN

· 1 Aal, geköpft und taschenartig aufgeschnitten, die Mittelgräte herausgenommen
· feine Metallspieße
· beste Holzkohle
· Sauce

FÜR DIE SAUCE

· 400 g Mirin (japanischer Reiswein)
· 150 g dunkle Sojasauce
· 60 g Kandiszucker
· 1 Sternanis

FÜR DEN EINGELEGTEN INGWER

· 400 g frischer Ingwer, geschält und in feine Scheiben geschnitten
· 150 ml Reisessig
· 25 g Wasser
· 50 g Ingwersaft
· 60 g Zucker
· 8 g Salz

ZUBEREITUNG

Für die Sauce den Mirin in einem Topf zum Kochen bringen. Den Alkohol verkochen lassen und die restlichen Zutaten hinzufügen. Auf ca. $\frac{1}{10}$ einkochen. Die Sauce kann man im Glas bei Zimmertemperatur lange aufbewahren.

Für den eingelegten Ingwer die Ingwerscheiben kurz in etwas kochendem Wasser blanchieren, dann abschöpfen und in eine Schüssel geben. Alle restlichen Zutaten einmal aufkochen und noch heiß über den Ingwer gießen. Zudecken und gut 12 Stunden ziehen lassen.

Den Fisch schröpfen (siehe Seite 130), dann mit Metallspießen quer aufspießen.

Den Aal von beiden Seiten über Holzkohle stark angrillen. Dann mit der Sauce bepinseln und kurz auf die Glut halten, weiter so verfahren, bis der Aal mit einer schönen Schicht Sauce überzogen ist. Gut dazu passen Reis und eingelegter Ingwer.

FORELLE MIT PILZ-XO-SAUCE

Damit die Forellen wirklich gelingen und nicht am Rost kleben, braucht es ein Fischgrillgitter, auch Fischbräter genannt. Wer nur eines besitzt, grillt die Fische einzeln und stellt sie immer in die Tischmitte – gemeinsam essen und sich auf den nächsten Fisch freuen!

ZUTATEN

· 4 ganze Forellen
· Olivenöl
· Salz
· XO-Sauce (Zubereitung siehe Seite 86, die getrockneten Krebse dabei durch getrocknete Pilze ersetzen)
· frische Kräuter und Knoblauch nach Belieben

ZUBEREITUNG

Die Fische mit einem scharfen Messer bis zur Mittelgräte alle 5 mm einschneiden. Dann mit Olivenöl gut einölen, innen und außen kräftig salzen. Je nach Geschmack können zum Aromatisieren frische Kräuter und/oder gehackter Knoblauch in den Bauch gegeben werden. Das Grillgitter ebenfalls gut mit Öl bepinseln oder mit Trennfett besprühen. Der Griller muss sehr heiß sein, darf aber nicht mehr brennen. Die Fische im Gitter dicht über der Glut grillen und mehrere Male wenden. Die Sauce erst vor dem Servieren über den fertig gegarten Fisch geben.

SELCHFISCH VOM GRILL

Geeignet sind alle Fische – je feiner das Fleisch, desto niedriger sollte die Räuchertemperatur sein. Am Kohlegrill die Glut nicht zu heiß werden lassen und wie für indirektes Grillen anordnen, also am Rand verteilen und Fische in die Mitte legen. Sie sollten nicht direkt über der Glut liegen. Am Gasgrill nur eine Seite erhitzen und eine Räucherbox darauf platzieren, Fische daneben auflegen (mehr zum Räuchern ab Seite 138).

ZUTATEN

- *3–4 Reinanken, im Ganzen oder filetiert, à 250–300 g*
- *5 l Wasser und 500 g Salz für die Salzlake (zwischen 8 und 10 % Salzgehalt)*
- *Buchenspäne oder Räuchermehl*

ZUBEREITUNG

Wasser und Salz gut vermischen, bis das Salz aufgelöst ist. Fische oder Filets einlegen und etwa 8 bis 10 Stunden an einem kühlen Ort in der Lake ziehen lassen. Herausnehmen und vor dem Räuchern mindestens 2 Stunden an der Luft trocknen lassen.

Die Bauchhöhle mit Zahnstochern aufspreizen, damit der Rauch überall gleichmäßig hingelangt. Die Fische nicht direkt auf die Hitze legen und für 20 Minuten bei geschlossenem Deckel räuchern. Danach bei Zimmertemperatur abkühlen lassen, damit sich die schöne Farbe entwickelt.

REISFISCH AUS DEM SCHMORTOPF

Es gibt inzwischen eine riesige Menge an Zubehör für den Griller, das auch andere Zubereitungstechniken erlaubt. Eine empfehlenswerte Investition ist ein Feuertopf oder Dutch Oven: Darin lassen sich fantastische Schmorgerichte zubereiten.

ZUTATEN

- *500 g Karpfen oder Waller, im Ganzen mit Kopf*
- *Sonnenblumen- oder Sesamöl*
- *2 Zwiebeln, gehackt*
- *2 Knoblauchzehen, gehackt*
- *Ingwer (2 cm), gehackt*
- *2 Stangen Zitronengras, gehackt*
- *1 EL Paprikapulver*
- *400 g Dosentomaten, gewürfelt*
- *1 EL rote Currypaste*
- *50 ml Hesperidenessig*
- *300 g gewaschener Rundkornreis*
- *3 Limettenblätter*
- *Salz*
- *450 ml Wasser oder Fischfond*
- *evtl. etwas Butter*
- *Schale einer Zitrone*
- *Majoran, gerösteter schwarzer Sesam, Petersilienstängel, Koriander*

ZUBEREITUNG

Den Fisch zerlegen und das Filet in nicht zu kleine Stücke schneiden. Den Schmortopf auf den Grill stellen, entweder direkt in die Glut oder auf den Rost, und zuerst die Zwiebeln in etwas Öl darin anschwitzen, dann Knoblauch, Ingwer und Zitronengras zugeben und mit Paprikapulver würzen. Die Tomaten und die Currypaste ebenfalls zugeben, mit dem Hesperidenessig aufgießen und einkochen lassen. Dann den Reis und die Limettenblätter hinzufügen, umrühren und salzen. Mit dem Fischfond aufgießen und den Fischkopf einlegen. Zudecken und etwa 1 Stunde bei nicht zu starker Hitze schmoren lassen. Dann den Fischkopf und die Limettenblätter entfernen und alles gut durchrühren. Nach Belieben etwas Butter und Fond zugeben und abschmecken. Jetzt die Fischfiletstücke einlegen und unterrühren, den Topf wieder zudecken und alles ziehen lassen – der Fisch zieht im gekochten Reis gar.

Zum Schluss etwas Zitronenschale darüberreiben, mit Majoran, geröstetem schwarzem Sesam, gehackten Petersilienstängeln und Koriander verfeinern.

BARSCH-SCHNECKERL AUS DER GUSSEISENPFANNE

Für mich gehört eine Gusseisenpfanne in jede gut sortierte Küche. Das Beste daran: Man kann sie auch am Griller einsetzen.

Statt Barsch eignen sich für dieses Gericht auch Forellenfilets sehr gut, und die Kräuterbutter ist sowieso immer eine hervorragende Ergänzung zu jeder Art von Grillgut.

ZUTATEN

· 250 g Butter
· 2 Dotter
· 100 g Brösel
· 200 g gemischte (Garten-)Kräuter (Knoblauchrauke, Vogelmiere, Schnittlauch, Petersilie, Thymian etc.)
· 2 EL scharfer Senf
· Schale und Saft einer Zitrone
· 1 Knoblauchzehe
· Salz
· Olivenöl
· 600 g Barschfilets
· Anissamen, geröstet
· gusseiserne Pfanne ohne Holzgriff
· frisches Baguette
· frische Kräuter und grobes Salz zum Anrichten

ZUBEREITUNG

Die Butter schaumig aufschlagen, dann die Dotter langsam dazugeben. Die Brösel mit den Kräutern (ein paar davon fürs Anrichten aufheben) in einem Standmixer mixen und unter die Butter mischen. Mit Senf, Zitronensaft und -abrieb, Knoblauch und Salz kräftig abschmecken.

Die Buttermischung in einem Stück Klarsichtfolie zu einer Rolle drehen und kühl stellen.

Die Barschfilets in gleichmäßige längliche Streifen schneiden und diese zu Schnecken eindrehen. Die Schnecken in eine gusseiserne Pfanne legen, mit wenig gerösteten Anissamen bestreuen und je ein Stück kalte Kräuterbutter darauflegen. Die Pfanne auf den Rost stellen und bei mittlerer Hitze 10 Minuten garen. Mit frischen Kräutern und grobem Salz bestreuen, mit frischem Baguette servieren.

Tipp: Übrig gebliebene Kräuterbutter kann man sehr gut einfrieren!

BARSCH MIT ORANGE UND BASILIKUM

Ein sommerlich-frisches Fischrezept, das am besten nur mit frischem Weißbrot serviert wird – zusätzliche Saucen braucht dieses Gericht nicht.

ZUTATEN

· 8 mittelgroße Flussbarsche oder 16 Barschfilets, à 100 g (alternativ auch Saibling oder Forelle)
· 1 Bund Basilikum
· Salz
· Koriander aus der Mühle
· griffiges Mehl
· Olivenöl
· 50 g Butter
· 1 Orange

ZUBEREITUNG

Die ganzen Barsche filetieren. Eine Gusseisenpfanne auf den heißen Holzkohlegrill stellen und heiß werden lassen. Das Basilikum zu einem Strauß zusammenbinden. Die Filets salzen und mit Koriander würzen, dann die Hautseite in Mehl tauchen. Olivenöl in die heiße Pfanne geben und die Fischfilets mit der Hautseite nach unten einlegen. Sofort die Butter zugeben und braun werden lassen, dann den Basilikumstrauß in die Butter tauchen und den Fisch damit bepinseln, danach in die Pfanne legen. Die Filets nicht wenden. Etwas

Orangenschale darüberreiben. Wenn die Filets oben glasig sind und die Butter dunkelbraun (aber keinesfalls verbrannt!) ist, die Pfanne vom Grill nehmen. Die Orange auspressen und etwas Saft in die Pfanne geben. Den Bratensaft zum Fisch servieren und mit Weißbrot auftunken!

REINANKE AM SALZSTEIN MIT TOMATENSALSA

Für die Zubereitung auf dem Salzstein darf der Fisch nicht gesalzen werden – dafür sorgt der Stein. Keine Angst vor halb gegartem Fisch, bei der Reinanke genügen 45 °C Kerntemperatur. Alternativ eignen sich auch Äschen hervorragend. Den Salzstein kann man vorher auch räuchern, das sorgt für zusätzliche Aromen!

ZUTATEN

· *Salzstein*
· *4 Reinankenfilets*
· *Olivenöl*
· *4 mittelgroße Tomaten*
· *2 kleine Frühlingszwiebeln*
· *1 kleines Stück Ingwer (ca. 1 cm), gehackt*
· *1 Pfefferoni, Schärfe nach Belieben*
· *2 Stängel Zitronengrasherzen, gehackt*
· *4 Zweige Basilikum, gehackt*
· *4 Zweige Koriander, gehackt*
· *2 EL geröstete Pinienkerne*
· *Sojasauce*
· *Saft von 1 Limette*
· *2 EL Kokosette, geröstet*
· *Honig*
· *Salz*
· *schwarzer Pfeffer*
· *1 EL Koriandersamen, geröstet und gemahlen*

ZUBEREITUNG

Den Salzstein auf den heißen Grill, aber nicht direkt auf die Glut legen. Etwa 1 Stunde wärmen, der Stein sollte 70–80 °C haben. Filets auf der Hautseite mit Olivenöl leicht bepinseln. Dann mit der Hautseite auf den Salzstein legen und den Fisch langsam saftig garen lassen. Wenn das Fleisch glasig ist, kurz wenden und dann sofort vom Stein nehmen. Mit der Vinaigrette benetzen und sofort genießen.

Die Tomaten in Würfel schneiden. Den weißen Teil der Jungzwiebeln in feine Würfel, den grünen Teil in feine Ringe schneiden. Tomaten und Zwiebeln mit dem Ingwer, der klein geschnittenen Pfefferoni, dem Zitronengras, den gehackten Kräutern und den gerösteten Pinienkernen vermischen. Mit Sojasauce, Limettensaft, Kokosette und etwas Honig vermischen und mit Salz, Pfeffer und gemahlenen Koriandersamen abschmecken.

Das Fischfilet wird mit der Hautseite auf den Salzstein gelegt und kann dann sanft indirekt garen.

REINANKEN-SALTIMBOCCA

Wir verwenden für dieses Gericht gerne die Schwanzstücke der Reinanke. Jeder andere Fisch und andere Cuts sind natürlich auch geeignet, zum Beispiel Saibling oder Forelle. Als Beilagen passen Polenta oder ein einfaches Risotto.

ZUTATEN

· *8 Scheiben Hamburger Speck*
· *8 Blätter Salbei*
· *4 Reinankenfilets, mit Haut, halbiert*
· *Schale und Saft einer Orange*
· *Salz*

ZUBEREITUNG

Je 2 Speckstreifen auf der Arbeitsfläche nebeneinanderlegen und mit einem Salbeiblatt belegen. Danach je ein halbiertes Reinankenfilet mit der Hautseite nach unten darauflegen. Das Filet mit Orangenschale und Salz würzen und die zweite Filethälfte wie ein Sandwich mit der Fleischseite auf die Fleischseite des anderen legen. Mit einem weiteren Salbeiblatt belegen und das Fischsandwich mit dem Speck einrollen.

Die Fischpackerl auf den sehr heißen Rost legen und von allen Seiten grillen.

Was den Geschmack eines gut gegrillten Fisches noch einmal verfeinert: Ein schön gedeckter Tisch im Garten.

KARPFEN-RIPPERL

Ein etwas anderes Fischgericht mit einer wunderbaren Glasur, die auch auf Spare Ribs oder Rinderrippen sehr gut schmeckt. Sie hält sich in einem Glas im Kühlschrank mehrere Wochen – also am besten mehr davon zubereiten und öfter genießen!

ZUTATEN

- *Bauchrippen samt Bauchfleisch von 2 mindestens 3 kg schweren Karpfen*
- *Glasur*

FÜR DIE GLASUR

- *6 g Pfeffer, schwarz*
- *3 g Szechuanpfeffer*
- *2 g Fenchel*
- *2 Sternanise*
- *2 Lorbeerblätter*
- *1 kleine Zimtstange*
- *5 g Chiliflocken*
- *15 g Knoblauch*
- *15 g Ingwer*
- *250 g Hoisin-Sauce*
- *60 ml Reisessig*
- *20 ml helle Sojasauce*
- *50 g Ketchup*

ZUBEREITUNG

Für die Glasur alle getrockneten Gewürze in einer Pfanne ohne Fett rösten, danach fein mörsern. Den Knoblauch und den Ingwer fein hacken und mit den restlichen Zutaten und den gerösteten Gewürzen vermischen. Alles zusammen einmal aufkochen, dann 1 Stunde ziehen lassen und passieren.

Die Rippen der Karpfen zwischen den Knochen in etwa 10 cm große Stücke teilen und diese kurz von allen Seiten angrillen. Dann von der Hitze nehmen, also auf einen erhöhten Rost legen oder eine indirekte Grillzone schaffen. Die Ripperl mit der Glasur bepinseln und gar ziehen lassen.

FISCHBURGER

Aus Fischfaschiertem werden nicht nur fantastische Burger – die Masse kann auch für selbst gemachte Fischstäbchen oder als Knödelfülle verwendet werden.

ZUTATEN

- *500 g Fischfilets, ohne Haut (am besten Weißfische, aber auch Karpfen eignet sich gut)*
- *1 Zwiebel*
- *150 g Wurzelgemüse (Sellerie, Karotten, Lauch etc.)*
- *2 Scheiben Toast, in Milch eingeweicht und ausgedrückt*
- *Dill und/oder Petersilie*
- *2 Knoblauchzehen*
- *1 Ei*
- *Salz*
- *Pfeffer*
- *Fischgewürze nach Belieben (siehe Seite 79)*
- *Semmelbrösel*
- *4 Burgerbrötchen*
- *eingelegte Zwiebel, Saucen nach Belieben*

ZUBEREITUNG

Die enthäuteten Filets mit dem geschälten und grob zerkleinerten Wurzelgemüse, der Zwiebel sowie dem Toastbrot, den Kräutern und dem Knoblauch durch einen Faschierwolf drehen. Das Ganze dann mit einem Ei gut durchkneten, mit Salz, Pfeffer und nach Wunsch Fischgewürz würzen. Die Masse zu Laibchen formen, diese in Semmelbröseln wälzen und sofort einige Minuten von beiden Seiten grillen. Die Brötchen aufschneiden und die Schnittfläche sehr kurz auf den heißen Rost legen. Die Laibchen im Burger nach Wunsch mit Saucen und eingelegten Zwiebeln belegen und gleich servieren.

FISCHKEBAP

Aus dem Grundrezept für Faschiertes werden mit ein paar zusätzlichen Gewürzen Fischkebaps – perfekt für die Grillparty.

ZUTATEN

· *Fischfaschiertes nach Grundrezept (siehe Seite 54)*
· *50 g Koriander*
· *50 g Petersilie*
· *1 TL Kreuzkümmel*
· *Metall- oder Holzspieße*
· *Fladenbrot*
· *Joghurt*
· *Salat*
· *feine Zwiebelringe*
· *Chili nach Wunsch*

ZUBEREITUNG

Die Gewürze mitfaschieren und die Masse dann in länglicher Form fest auf Spieße drücken – bei der Verwendung von Holzspießen diese zuerst einige Zeit in Wasser einlegen, damit sie nicht verbrennen. Am besten auf einem Konro-Grill (japanischer Kastengrill) oder über Holzkohle grillen, aber natürlich geht auch jeder andere Grill. Das Fladenbrot ganz kurz angrillen, dann mit etwas Joghurt bestreichen und Salat und Zwiebelringe verteilen. Den Fischspieß darauflegen und mit Schwarzkümmel und Chili bestreuen.

GEGRILLTE FISCHBROTE

ZUTATEN

- *600 g Faschiertes für Fischkebap (siehe Seite 57)*
- *4 Pitabrote*

FÜR DIE PITABROTE

- *15 g Germ*
- *300 ml lauwarmes Wasser*
- *500 g glattes Mehl*
- *1 TL Salz*
- *3 EL Olivenöl*

ZUBEREITUNG

Für die Pitabrote zuerst die Germ mit etwas lauwarmem Wasser verrühren. Das Mehl in eine Rührschüssel geben und nach und nach das Wasser hinzufügen und vermischen. Die aufgelöste Germ ebenso hinzufügen. Nach ca. 10 Minuten das Salz hinzufügen und dann das Öl. Mit einem Küchentuch bedeckt ca. 1 Stunde gehen lassen. Den Teig zu Kugeln à 100 g schleifen und abermals kurz gehen lassen. Dann die Kugeln vorsichtig zu ovalen Fladen ausrollen, auf einem gefetteten Blech bei 250 °C etwa 10 Minuten backen und auskühlen lassen. Vor dem Grillen die Brote halbieren, die rohe faschierte Masse auf den Brothälften verteilen und diese dann bei mittlerer Hitze auf den Grillrost legen und zugedeckt garen lassen.

Noch besser wird das Gericht mit einem Pizzastein: Den Teig ausrollen, das rohe Fischfaschierte darauf verteilen und den Teig rundherum einschlagen. Die Teigtaschen am Pizzastein auf dem heißen Grill etwa 20 Minuten backen, dabei mehrmals wenden.

LACHSFORELLENSEITE MIT FICHTENNADELN

Ein Fischgrillgitter ist ein sehr praktisches Werkzeug – für ganze Fische genauso wie für Filets.

ZUTATEN

- *Lachsforellenfilet, ca. 800–1000 g*
- *neutrales Öl*
- *Fichtenzweige*
- *Buchenspäne nach Belieben*
- *Salz*
- *Stremelgewürz (siehe Seite 83)*

ZUBEREITUNG

Das Lachsforellenfilet mit dem Stremelgewürz für 12 Stunden einbeizen. Dann abwaschen, gut trocken tupfen und weitere 12 Stunden im Kühlschrank (nicht zugedeckt) antrocknen lassen.

Grillgitter mit Öl bestreichen, das Lachsforellenfilet ebenfalls einölen und salzen. Die Fichtenzweige in das Gitter legen, Fisch darauflegen und mit Fichtenzweigen bedecken, Gitter schließen.

Nun erhöht (etwa 50 cm über der Glut) indirekt sanft garen. Nach Belieben eine Handvoll Buchenspäne in die Glut werfen, um den Fisch noch kurz zu räuchern. Der Fisch soll nicht durchgegart, sondern nur lauwarm aromatisiert werden. Schmeckt auch kalt auf Brot mit einem Orangenpesto (siehe Seite 90) wunderbar.

Nicht zu nahe an und nicht zu lange über der Glut:
Die sanft gegrillte Lachsforelle.

FLUSSKREBSE MIT WACHOLDER

Grundsätzlich eignen sich für das Grillen beide Methoden der Vorbereitung von Flusskrebsen (siehe Seite 145) – die Krebse werden aber in der Schale gegrillt, dürfen also erst nach dem Grillen direkt bei Tisch ausgelöst werden.

ZUTATEN

- *8 Flusskrebse pro Person*
- *Salz*
- *Wacholderzweige*
- *braune Butter oder Olivenöl*

ZUBEREITUNG

Die Flusskrebse vorbereiten – entweder mit einem großen, schweren Messer mittig der Augen halbieren oder kurz in kochendes Wasser legen, abschrecken und halbieren. Den Grill sehr heiß werden lassen. Das Schwanzfleisch der halbierten Krebse mit einem Zahnstocher leicht lösen. Dann die Krebse mit der offenen Seite nach oben auf den Griller legen, das Fleisch gart dadurch indirekt und fängt zu kochen an. Die Wacholderzweige dazulegen. Mit brauner Butter und Olivenöl servieren, dazu passt Knoblauchbrot. Und auch die Innereien schmecken hervorragend!

ÄSCHE AUF ZEDERNSCHINDEL

Zedernschindeln sorgen für ein außergewöhnliches Aroma. Es gibt sie im gut sortierten Geschäft für Grillbedarf. Auch andere Hölzer eignen sich für dieses Rezept, jedes Holz hat Geschmack!

ZUTATEN

- *4 ganze Äschen oder 8 Äschenfilets*
- *Salz*
- *neutrales Öl*
- *4 Zedernschindeln*
- *Zedernschindelöl*

ZUBEREITUNG

Die Schindeln für ein paar Stunden in frischem Wasser einweichen. Dann abtropfen lassen. Die ganzen Äschen vorsichtig filetieren, dabei aber nicht schuppen. Das Fleisch der Äsche schmeckt so fein, dass man keine Gewürze zufügen sollte. Die Filets nur salzen, gerne auch schon ein paar Stunden vorher, dann leicht ölen. Je zwei Filets auf eine Schindel legen und diese auf den Rost legen. Der Garvorgang ist sehr kurz, das Äschenfleisch sollte sehr glasig sein.

Wenn die Schindel Feuer fängt, ist es Zeit, die Äschenfilets vom Grill zu nehmen.

ZANDER IM FEIGENBLATT MIT FEIGENBLATT-MAYONNAISE

Das Garen im Feigenblatt ist eine tolle Möglichkeit der Zubereitung – es eignen sich auch große Walnuss- oder Bananenblätter.

ZUTATEN

· 4 große Feigenblätter
· 4 Zanderfilets, à 150 g
· Salz
· Olivenöl
· 1 Limette

FÜR DIE FEIGENBLATT-MAYONNAISE

· 4 mittelgroße Feigenblätter
· 200 g neutrales Öl
· 200 g Joghurt
· 1 EL Senf
· 1 EL Zitronensaft
· 1 TL Sojasauce
· Salz
· Pfeffer

ZUBEREITUNG

Die Feigenblätter klein hacken und in dem Öl einmal auf 100 °C erhitzen. Danach Blätter und Öl noch heiß pürieren und sofort durch ein feines Sieb streichen.

Im Tiefkühlschrank abkühlen lassen, das Öl sollte leuchtend grün sein. Für die Mayonnaise die übrigen Zutaten in einen Mixbecher geben und mit dem Stabmixer aufmixen. Das auf Zimmertemperatur gebrachte Öl langsam einmixen und nochmals mit Zitrone und Salz abschmecken.

Die Fischfilets mit Olivenöl bepinseln, salzen und mit etwas Limettensaft beträufeln. Dann je 1 Filet auf 1 Blatt legen und die Blätter so falten, dass der Fisch gut eingepackt ist. Mit Küchengarn fest zusammenbinden. Die Päckchen bei nicht zu starker Hitze, am besten indirekt garen. Die Kerntemperatur sollte bei 55 °C liegen. Die Päckchen vorsichtig öffnen und sofort mit Feigenblatt-Mayo servieren.

GESCHMACKS-HELFER: GEWÜRZE, MARINADEN, SAUCEN

MEISTERLAKE

Das vielleicht wichtigste Rezept für die Fischzubereitung: Das Einlegen in die Lake verbessert die Konsistenz und sorgt dafür, dass der Fisch später beim Garen saftiger bleibt. Vor allem Fische mit weichem Fleisch profitieren davon, es eignet sich aber für alle Fische.

ZUTATEN

- *1 l Wasser*
- *30 g Salz*
- *10 g Zucker*

ZUBEREITUNG

Alles kalt verrühren, Salz und Zucker auflösen und den Fisch nach Wunsch im Ganzen oder als Filet kalt einlegen. Ein fingerdickes Filet etwa eine halbe Stunde ziehen lassen, ein dickes Stück bis zu 2 Stunden, Portionsfische im Ganzen ruhig 6 bis 8 Stunden. Danach den Fisch herausnehmen, trocken tupfen und nach Wunsch weiterverarbeiten. Die Lake entfernen.

FISCHGEWÜRZE

Ob japanisch oder mediterran – diese Fischgewürze passen zu allen Fischen und zu jeder Zubereitungsart. Sie schmecken auch zu rohem Fisch und Ceviche, besonders gut ergänzen sie aber Röstaromen vom Grillen. Am besten zu Beginn der Grillsaison herstellen, in luftdichten Gläsern verwahren und je nach Geschmack einsetzen.

SHICHIMI TOGARASHI

ZUTATEN

- *10 g Szechuanpfeffer*
- *10 g Chiliflocken (Pul Biber/Aleppopfeffer)*
- *10 g Orangenschale*
- *10 g Mohn, geröstet und gequetscht*
- *10 g schwarzer Sesam, geröstet*
- *10 g Ingwer, getrocknet*
- *10 g Kombu-Algen, getrocknet*
- *auch etwas Tamarindenpulver passt hervorragend*

ZUBEREITUNG

Alles gemeinsam in Mörser oder Mühle vermahlen.

KORIANDER, SALZ & PFEFFER

ZUTATEN

· 100 g Salz
· 25 g Koriandersamen, geröstet
· 15 g weißer Penja-Pfeffer, geröstet

ZUBEREITUNG

Alle Zutaten fein in Mörser oder Mühle vermahlen.

LIMETTENSALZ

ZUTATEN

· 100 g Salz
· Schale von 6 Limetten

ZUBEREITUNG

Alles in einem Cutter fein mixen, danach trocknen lassen.

FLUSSKREBSGEWÜRZ

ZUTATEN

- *2 Muskatnüsse*
- *5 Sternanise*
- *25 g Koriander*
- *15 g Fenchelsamen*
- *10 g Kreuzkümmel*
- *5 Kardamomkapseln*
- *40 g ungarisches Paprikapulver*
- *1 Vanilleschote, ausgekratzt*

ZUBEREITUNG

Alle Gewürze außer Paprika und Vanille leicht rösten, dann alles zusammen in einer Gewürzmühle fein vermahlen und mischen.

STREMELGEWÜRZ

Stremellachs bezeichnet in Norddeutschland einen in Streifen („Stremel“ oder „Striemel“ im Dialekt) geschnittenen, heiß geräucherten Lachs. Wir verwenden dafür gerne Lachsforellen oder andere Salmoniden.

ZUTATEN

· *25 g Pfeffer, grob geschrotet*
· *25 g Tomatenflocken (aus getrockneten Tomaten)*
· *10 g Chiliflocken, mild*
· *50 g Gemüseflocken, getrocknet (machen wir im Bootshaus selbst)*
· *30 g Senfkörner*

ZUBEREITUNG

Alles vermischen und vor dem Räuchern die Fischstücke gut damit einreiben.

ORANGEN-THYMIAN-SALZ

ZUTATEN

· *100 g Salz*
· *Schale von 2 Orangen*
· *20 g Thymianblättchen*

ZUBEREITUNG

Fein vermahlen, gut trocknen lassen und dann abermals vermahlen.

MISO-MARINADE

Miso ist eine salzige Würzpaste aus Hülsenfrüchten, welche mit dem Edelschimmel Aspergillus oryzae fermentiert wurden. Sie wird deckend auf den Fisch oder das Filet gestrichen. Das Fischfleisch bekommt dadurch eine exquisite Konsistenz – ähnlich der von Huhn – und einen feinen, süßlichen Geschmack. Vor der Zubereitung wird die Paste abgewischt oder abgewaschen.

Fisch mit Misopaste zu marinieren, ist in Japan außerdem eine weitverbreitete Methode und ein wunderbarer Trick, wenn Sie ein schönes Stück Fisch zu Hause haben, aber einfach nicht gleich dazu kommen, es zuzubereiten. Vor allem Filets, aber auch ganze Fische werden so einige Tage länger haltbar gemacht und gewürzt.

Zu mit Miso mariniertem und gegrilltem Fisch passt am besten sauer eingelegtes Gemüse.

ZUTATEN

· 15 g brauner Zucker
· 90 ml Sake
· 90 ml Mirin
· 90 ml helle Sojasauce
· 200 g Miso (helles, Gerste oder was sonst gefällt)
· Zitrusschalen
· frischer Koriander

ZUBEREITUNG

Den Zucker karamellisieren, mit dem Sake und dem Mirin ablöschen und anzünden. Abbrennen lassen. Bitte vorsichtig sein!

Dann Sojasauce und Miso hinzufügen und gut verrühren. Abkühlen lassen und die Zitrusschalen sowie den Koriander nach Geschmack hinzugeben.

Es gilt: Je länger in der Marinade, desto fester das Fleisch. Ein Beispiel: Wir marinieren den Stör bis zu 7 Tage als Filet und braten ihn dann kurz bei hoher Hitze. Wichtig ist, die Marinade vor dem Grillen gut abzuwaschen, da sie durch den enthaltenen Zucker leicht verbrennt.

XO-SAUCE

XO-Sauce ist eine klassische chinesische Würzsauce aus getrockneten Meeresfrüchten. Wir verwenden für unsere XO-Sauce getrocknetes Scherenfleisch von Flusskrebsen, weil das im Restaurant oft übrig bleibt. Das Rezept funktioniert aber auch mit anderen Arten getrockneten Fischfleisches.

ZUTATEN

· 300 ml Sonnenblumenöl
· 250 g getrocknetes Flusskrebsfleisch, gehackt (etwa 2 kg ausgelöstes Krebsfleisch, im Dehydrator oder Backrohr bei 70–80 °C getrocknet)
· 100 g Schalotten, fein gewürfelt
· 100 g Knoblauch, gehackt
· 80 g Räucherspeckwürfel nach Belieben
· 80 g entkernte Chilischoten, gehackt
· 2 g Salz
· 25 g helle Shoyu (LUVI Fermente) oder helle Sojasauce
· 35 g Traunsee Garum (LUVI Fermente) oder Fischsauce
· 10 g Sesam, geröstet

ZUBEREITUNG

Das Sonnenblumenöl erhitzen und alles nacheinander in folgender Reihenfolge knusprig frittieren: Flusskrebsfleisch, Schalotten, Knoblauch, Speck, Chili. Danach alle frittierten Zutaten mit ein wenig erkaltetem Frittieröl mischen und mit Salz, Sojasauce, Garum und Sesam abschmecken.

XO-SAUCE

KARPFENROGEN-MAYONNAISE

Karpfenrogen ist roh nicht schön anzusehen. So wird jedoch eine Delikatesse aus ihm. Als Dip wie Hummus servieren oder wie andere Mayonnaisen verwenden, etwa für Salate. Auch Weißbrot, Olivenöl und Kräuterpesto passen wunderbar dazu!

ZUTATEN

- *140 g Karpfenrogen*
- *½ Knoblauchzehe*
- *etwas Zitronensaft*
- *1 EL Dijonsenf*
- *250 ml Öl*
- *helle Sojasauce*
- *Salz*
- *Zucker*

ZUBEREITUNG

Den vorbereiteten, aber ungesalzenen Karpfenrogen mit Knoblauch, Zitronensaft und Senf mit einem Stabmixer aufmixen und mit dem Öl wie eine Mayonnaise aufziehen. Danach mit Sojasauce, Salz und Zucker abschmecken.

ORANGENPESTO

Pestos sind eine fantastische Ergänzung zu gegrilltem Fisch – ob in der fruchtigen Variante mit Orange, asiatisch mit Koriander und Sesamöl oder auch mit etwas Chilischärfe. Im Kühlschrank sind sie dank der enthaltenen Öle lange haltbar.

ZUTATEN

- *100 ml Orangensaft*
- *50 g Basilikum*
- *10 g Petersilie*
- *4 g Estragon*
- *¼ Knoblauchzehe*
- *60 ml Olivenöl*
- *Salz*
- *Pfeffer*

ZUBEREITUNG

Für das Pesto den Orangensaft aufkochen und dann auf etwa 30 ml einkochen. Die Kräuter zusammen mit dem Knoblauch im Mörser fein mahlen, dann mit dem einreduzierten Orangensaft und dem Olivenöl vermengen. Mit Salz und Pfeffer würzen und zum Fisch servieren.

Der Koch und sein Kräutergarten:
Lukas Nagl beim Gustieren fürs Fischgrillen.

Frische Petersilie passt ins Pesto zum Fisch besonders gut.

ASIAPESTO

ZUTATEN

- *300 g Spinat*
- *150 g Petersilie*
- *150 g Basilikum*
- *300 g Koriander*
- *3 EL Knoblauchöl*
- *3 EL Ingwer, gehackt*
- *9 EL Sesamöl*
- *180 ml Olivenöl*
- *270 ml Erdnussöl*
- *Macadamianüsse*
- *Salz, Pfeffer*

ZUBEREITUNG

Den Spinat und die Kräuter im Cutter fein hacken. Die Nüsse und den Ingwer im Mörser vermahlen und zu den Kräutern geben. Die Öle untermixen und mit Salz und Pfeffer abschmecken.

ZHUG-KRÄUTERPESTO

ZUTATEN

· 25 g frischer Koriander
· 50 g Petersilie
· 50 g mittelscharfe grüne Chilis
· 15 g Knoblauch
· 75 g Olivenöl
· 2 g Salz

ZUBEREITUNG

Die Kräuter fein hacken und mit Chili und Knoblauch im Mörser vermahlen. Mit Olivenöl mixen und mit Salz abschmecken.

AIOLI

Der Klassiker passt natürlich auch ganz hervorragend zu gegrilltem Fisch.

ZUTATEN

· *6–8 Knoblauchzehen*
· *½ TL Meersalz*
· *2 eingeweichte Scheiben Toastbrot*
· *1 Eigelb*
· *250 ml Öl (wenig Olivenöl dazu)*
· *Salz, Pfeffer*

ZUBEREITUNG

Knoblauch mit dem Meersalz zerdrücken und mit den ausgedrückten Toastscheiben vermischen, Eigelb dazugeben und mit dem Öl wie eine Mayonnaise aufziehen. Mit Salz und Pfeffer abschmecken.

IN GUTER GESELLSCHAFT: BEILAGEN

Die Blumen sind gepflückt, der Tisch gedeckt, die Kerzen angezündet: Alles ist angerichtet für einen genussvollen Sommerabend.

FOCACCIA

Eine luftige Focaccia ist der ideale Begleiter zu jeder Grillerei – besonders für Fisch.

ZUTATEN

- *20 g Olivenöl*
- *550 g Wasser*
- *300 g Sauerteig*
- *850 g Manitoba-Mehl*
- *20 g Salz*
- *3–4 Rosmarinzweige*

ZUBEREITUNG

In eine große Box mit Deckel das Öl, das Wasser und den Sauerteig geben. Alles vermischen. Das Mehl hinzufügen und kurz durchmischen, aber nicht kneten. Im Kühlschrank für 30 Minuten zugedeckt rasten lassen. Dann das Salz hinzufügen und wieder vermischen. Weitere 30 Minuten rasten lassen. Dann falten, also mit leicht feuchten Händen die Ränder des Teiges einschlagen und den Teig anschließend für 30 Minuten rasten lassen. Dreimal wiederholen. Nach dem 4. „Fold" den Teig für mindestens 24 und bis zu 72 Stunden im Kühlschrank gehen lassen. Ein Blech gut mit Olivenöl einfetten, den Teig ohne zu kneten auf das Blech geben. Mit den Fingern Vertiefungen in den Teig drücken, mit Rosmarinnadeln bestreuen und sofort bei 220 °C für 25 Minuten backen.

GEGRILLTE SÜSSKARTOFFELN MIT CHILI, INGWER UND LIMETTE

ZUTATEN

· 4 Süßkartoffeln
· 36 g grüne Chilis
· 2 g rote Chilis
· 2 g Limettenblätter
· 20 g Zitronengras
· Korianderstiele
· 1 g Knoblauch
· 5 g Ingwer
· 130 g Palmzucker oder Holunderblütenzucker
· Schale von 1 Limette
· 130 g Mirin
· 140 g Fischsauce
· 10 g Limettensaft

ZUBEREITUNG

Die Süßkartoffeln im Ganzen in Alufolie einwickeln, in die Glut legen und weich garen. Für die Vinaigrette Chilis, Limettenblätter, Zitronengras, Koriander, Knoblauch und Ingwer fein hacken. Mit Zucker und Limettenschale vermischen, dann die Flüssigkeiten untermixen. Die Süßkartoffeln vorsichtig aus der Glut nehmen, auswickeln und in dicke Scheiben schneiden. Die Scheiben am heißen Rost kurz von beiden Seiten angrillen und vor dem Servieren mit der Vinaigrette beträufeln.

KARFIOL IM GANZEN

Bei Karfiol denkt man nicht sofort ans Grillen, aber er schmeckt im Gusseisentopf gegart wirklich wunderbar, ob als Beilage oder vegetarisches Hauptgericht.

ZUTATEN

- *1 Karfiol*
- *2 EL Cashew-Miso*
- *etwas Olivenöl*
- *Salz*
- *250 ml Gemüsefond*
- *100 g Brösel*
- *100 g Butter*
- *30 g Kapern*
- *40 g Rosinen, gehackt*
- *30 g Sardellen, gehackt*
- *1 EL Petersilie, gehackt*
- *1 TL Minze, gehackt*
- *etwas Ras el-Hanout*

ZUBEREITUNG

Die Blätter des Karfiols entfernen und im Ganzen 10 Minuten in Salzwasser blanchieren. Dann rundherum mit Miso bestreichen und in einen mit Alufolie ausgelegten Gusseisentopf oder -bräter setzen. Mit Olivenöl beträufeln und gut salzen, dann mit 150–200 ml Gemüsefond untergießen. Die Alufolie über dem Karfiol einschlagen, Deckel aufsetzen und bei 170 °C ca. 40–45 Minuten im Backrohr oder auf dem Griller bei indirekter Hitze garen. Zwischendurch wenn nötig den restlichen Gemüsefond angießen.

Währenddessen die Brösel trocken rösten. Die Butter aufschäumen. Kapern, Rosinen und Sardellen dazugeben und kurz anbräunen, dann die knusprig gerösteten Brösel untermischen, zum Schluss die gehackten Kräuter hinzufügen. Über dem gegarten Karfiol verteilen und vor dem Servieren mit etwas Ras el-Hanout und gehackten Kräutern bestreuen.

SOMMERROLLEN

Sommerrollen sind unglaublich vielseitig – man kann sie mit absolut allem füllen, was an Gemüse, aber auch Fleisch oder Fisch, gerade da ist. Sie schmecken als erfrischende Beilage genauso gut wie als sommerliche Vorspeise.

ZUTATEN

- *12 Blätter Reispapier*
- *½ Kopfsalat*
- *je 1 Karotte, gelbe Rübe und Kohlrabi, in feine Streifen geschnitten*
- *50 g Mungobohnensprossen*
- *einige Minzeblätter*
- *etwas Koriandergrün*
- *etwas Thai-Basilikum*
- *etwas Knoblauchschnittlauch oder normaler Schnittlauch*

FÜR DEN DIP

- *1 Teil Traunsee Garum oder Fischsauce*
- *1 Teil Zucker*
- *1 Teil Limettensaft (wir verwenden gerne auch regionale Alternativen wie Sauerkrautsaft)*

ZUBEREITUNG

Für den Dip alle Zutaten gut verrühren, bis sich der Zucker aufgelöst hat. Für die Rollen immer 1 Reisblatt einige Sekunden in warmes Wasser legen, sodass es biegsam wird. Dann herausnehmen und sofort mit Salat, Gemüse und den Kräutern belegen. Zuerst die untere Seite des Papiers über die Füllung falten, die Ränder einschlagen und alles zu einer straffen Rolle aufdrehen. Schräg halbieren und gleich mit dem Dip servieren.

OFENFENCHEL MIT OLIVEN UND GETROCKNETEN TOMATEN

Fisch und Fenchel sind nicht umsonst eine klassische Kombination – die Aromen ergänzen sich perfekt. Der Fenchel gelingt auch auf dem geschlossenen Grill bei konstanter Temperatur!

ZUTATEN

- *4 kleine Fenchelknollen*
- *2 Schalotten*
- *2 Knoblauchzehen*
- *125 ml Weißwein*
- *125 ml Olivenöl*
- *Salz*
- *Pfeffer aus der Mühle*
- *getrocknete Tomaten, grob gehackt*
- *Kalamata- oder Taggiasca-Oliven*

ZUBEREITUNG

Das Fenchelgrün abschneiden und fürs Anrichten beiseitelegen, die Knollen halbieren. Knoblauch und Schalotten grob hacken. Dann pro Portion zwei Schichten Alufolie übereinanderlegen, mit je zwei Fenchelhälften belegen und Schalotten und Knoblauch darauf verteilen. Großzügig mit Weißwein und Olivenöl beträufeln, salzen und pfeffern. Dann die Folie über den Fenchel falten und die Ränder einschlagen und gut verschließen, sodass kleine Päckchen entstehen. Auf ein Backblech setzen und im auf 160 °C vorgeheizten Ofen 1 Stunde garen. Die Päckchen auf Teller legen, die Folie öffnen (Vorsicht vor dem entweichenden Dampf!) und mit Oliven, getrockneten Tomaten und dem gehackten Fenchelgrün bestreuen.

CAESAR SALAD

Wir verwenden für diesen wunderbaren Salat Rotaugerl-Sardellen, er schmeckt natürlich auch mit herkömmlichen Sardellen. Dabei gibt es allerdings gewaltige Qualitätsunterschiede – ein hochwertiges Produkt lohnt sich hier auf jeden Fall.

ZUTATEN

- *1 Kopfsalat*
- *Buttercroutons*
- *einige Sardellen*
- *Parmesan*

FÜR DAS DRESSING

- *1 Knoblauchzehe*
- *2 Sardellen*
- *1 EL Dijonsenf*
- *Saft von 1 Zitrone*
- *2 Spritzer Worcestersauce*
- *25 g weißer Balsamico*
- *35 g Fond oder Wasser*
- *1 Dotter*
- *80 g neutrales Pflanzenöl*
- *40 g Olivenöl*
- *25 g Parmesan*
- *Salz*

ZUBEREITUNG

Für das Dressing den Knoblauch und die Sardellen hacken und mit Senf, Zitrone, Worcestersauce, Balsamico, Fond und dem Dotter in einen hohen Mixbecher geben. Mit dem Stabmixer durchmixen, dann langsam das Öl einmontieren. Die Sauce passieren und mit dem Parmesan binden, je nach Konsistenz etwas mehr Flüssigkeit oder Parmesan hinzufügen und mit Salz abschmecken.

Den Salatkopf halbieren und dann in Spalten schneiden, diese mit Buttercroutons bestreuen, nach Geschmack Sardellen anlegen und alles mit dem Dressing überziehen. Zum Schluss etwas Parmesan über den Salat reiben.

ZWIEBELSALAT

Zwiebeln werden unterschätzt – dabei haben sie immer Saison, halten sich lange und sind extrem vielfältig. Für diese Beilage werden sie auf dem Salzbett geschmort und dann mit einer fruchtigen Asiamarinade zu einem lauwarmen Salat.

ZUTATEN

· *2 sehr große weiße Zwiebeln*
· *grobes Salz*
· *2 Limetten*
· *½ Jungzwiebel-Grün, in feine Ringe geschnitten*
· *einige Berberitzen*

FÜR DAS DRESSING

· *20 g Reisessig*
· *25 g Zucker*
· *50 g helles Miso*
· *5 g Wasabi*
· *1 Prise Kurkuma*
· *2 EL scharfer Senf*
· *35 g Marillen-Fruchtmark (alternativ Passionsfrucht)*
· *2 EL Traunsee Garum oder Fischsauce*

ZUBEREITUNG

Den Boden einer Auflaufform oder Gusseisenpfanne etwa 2 cm hoch mit grobem Salz bedecken, die ungeschälten Zwiebeln auf das Salzbett setzen und für

1 Stunde im heißen Ofen oder zugedeckten Griller (indirekte Hitze) garen. Für das Dressing alle Zutaten in ein hohes Gefäß füllen und aufmixen. Die Zwiebeln aus der Schale lösen und in Spalten schneiden, dann noch heiß mit dem Dressing marinieren. Die Limetten halbieren und die Schnittfläche kurz angrillen. Die marinierten Zwiebeln auf Tellern verteilen, mit Jungzwiebelringen und Berberitzen bestreuen und die gegrillte Limette in die Mitte setzen. So kann jeder Gast seinen Salat nach Wunsch mit etwas karamellisiertem Limettensaft verfeinern.

SPINATSALAT MIT FLUSSKREBS-DRESSING

Spinat ist eine tolle Alternative zum klassischen Kopfsalat. Mit Flusskrebs-Dressing und etwas XO-Sauce wird daraus eine würzig-aromatische Beilage, die wunderbar mit gegrilltem Fisch harmoniert.

ZUTATEN

- *200 g Babyspinat*
- *Dressing*
- *etwas XO-Sauce (siehe Seite 86)*

FÜR DAS DRESSING

- *50 g helles Miso*
- *45 g Estragonessig*
- *25 g Honig*
- *Saft und Schale von ½ Zitrone*
- *etwas geriebener Ingwer*
- *30 g Olivenöl*
- *30 g Flusskrebsöl*
- *Salz, Pfeffer*

ZUBEREITUNG

Für das Dressing Miso, Essig und Honig mit einem Spritzer Zitronensaft und etwas geriebener Zitronenschale sowie Ingwer mit dem Stabmixer aufmixen. Dann langsam die Öle einlaufen lassen und dabei weitermixen, zum Schluss mit Salz und Pfeffer abschmecken.

Die Spinatblätter waschen und gut abtropfen lassen, dann mit dem Dressing vermischen. Auf Tellern anrichten und zum Schluss großzügig mit XO-Sauce beträufeln.

VORBEREITUNG UND TECHNIKEN

AUSNEHMEN

Wenn wir im Bootshaus frische Fische geliefert bekommen, sind sie oft bereits ausgenommen – die meisten unserer Fischer erledigen das bereits direkt am Boot oder gleich, wenn sie den Fang an Land bringen. Je schneller Fische ausgenommen werden, desto länger bleiben sie frisch und haltbar. Falls Sie die Fische selbst fangen, nehmen Sie sie gleich an Ort und Stelle aus. Wenn Sie sie kaufen, lassen Sie es gleich vom Fischhändler erledigen oder machen es selbst zu Hause, jedenfalls noch bevor Sie die Fische zum Lagern in den Kühlschrank legen.

So wird's gemacht

Den Fisch flach auf ein Brett legen. Mit einem kleinen, scharfen Messer am After ansetzen, vorsichtig einstechen und Richtung Kopf schneiden. Das Messer dabei gerade tief genug in die Bauchhöhe schieben, um vorsichtig den Bauch zu öffnen – sonst werden die Eingeweide verletzt. Vor allem die Gallenblase mit ihrer bitteren Flüssigkeit darf nicht angeritzt werden. Bis ganz nach vorn am Kopf schneiden, bis das Messer auf Widerstand stößt. Nun den Bauchraum öffnen und von hinten nach vorn den Eingeweidestrang auslösen.

Achtung: Die Nieren müssen bei Fischen noch separat entfernt werden: Sie liegen dicht an der Mittelgräte und erinnern optisch ein wenig an ein Blutgefäß. Am besten mit dem Daumen ausschaben. Nun entweder den ganzen Kopf mit einem Messer abtrennen oder nur die Kiemen entfernen: Mit einer Schere oben und unten am Ansatz abtrennen und herausnehmen. Ich gestehe, wenn die Fische ganz frisch sind, schneide ich im Restaurant die Kiemen auch für die Suppe nicht weg. Da es aber nicht leicht ist, an richtig fangfrische Fische zu kommen, wie wir sie verarbeiten, würde ich Ihnen empfehlen, sie zu entfernen. Nach dem Ausnehmen einmal gut durchspülen, am besten mit See- oder Flusswasser. Vor dem Lagern gut trocken tupfen.

ZERLEGEN

Natürlich geht das Ausnehmen und Zerlegen auch ganz ohne Spezialausrüstung, aber wer viel mit Fischen in der Küche arbeitet, tut sich mit den folgenden vier Werkzeugen leichter:

01 Ein langes, dünnes Filetiermesser, am besten mit etwas biegsamer Klinge;

02 ein Schleifstab zum Abziehen der Messer;

03 eine kräftige Schere zum Durchtrennen der Bauchgräten

04 und eine Pinzette, um Gräten zu zupfen.

Weil Fische unterschiedliche Formen haben, werden sie alle ein wenig anders zerlegt. Am Beispiel der Salmoniden, also Forelle, Saiblinge, Reinanken und Huchen, erkennt man aber das Prinzip, das bei allen Fischen gilt.

So wird's gemacht

Die Salmoniden sind im Querschnitt relativ rund und können ganz normal auf der Seite liegend filetiert werden: Hinter den Kiemen bis zur Gräte einschneiden, das Messer auf die Seite drehen und der Gräte entlang bis zum Schwanz durchziehen. Bei Forelle, Saibling und Reinanke können nun die Gräten im Filet mit einer Fischpinzette gezupft werden: Einfach mit dem Finger erfühlen und dann mit der Pinzette herausziehen. Beim Huchen sitzen sie so fest, dass sie nur mit einem V-Schnitt herausgeschnitten werden können. Bei sehr kleinen Wildfangsaiblingen (kürzer als 15 cm), sogenannten Schwarzreitern, müssen die Gräten gar nicht gezupft werden.

Hinter dem Kopf schräg bis zur Mittegräte einschneiden, ...

... dann das Messer zum Schwanz drehen ...

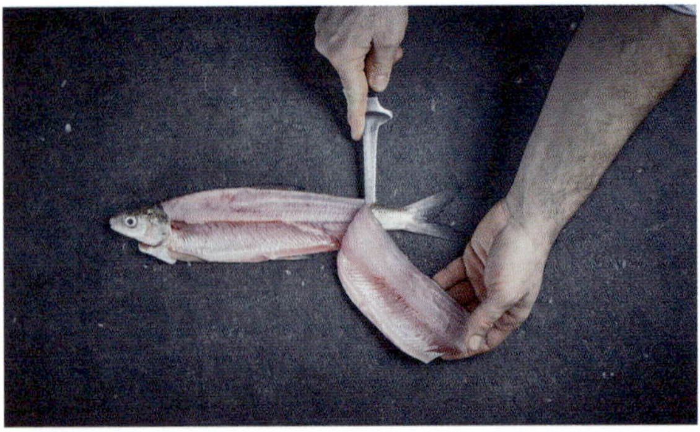

... und entlang der Mittelgräte das Filet ablösen. Die Bauchgräten dabei durchtrennen.

Das Messer hinten durch den Schwanz ziehen, sodass das erste Filet abgelöst ist.

Wenden und das zweite Filet vom Kopf zum Schwanz hin …

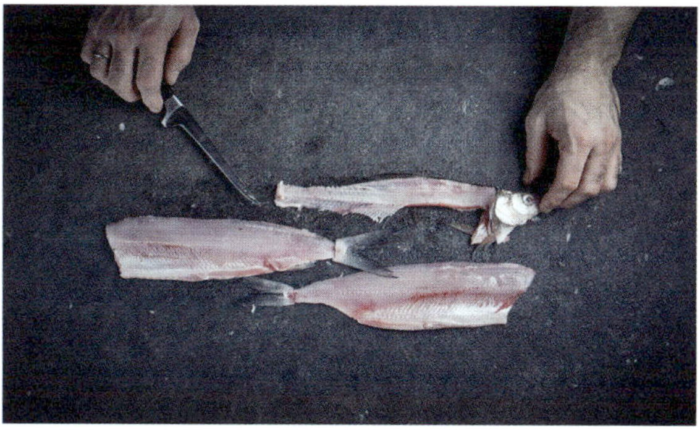

… von der Karkasse schneiden.

Die Bauchlappen samt Gräten abschneiden.

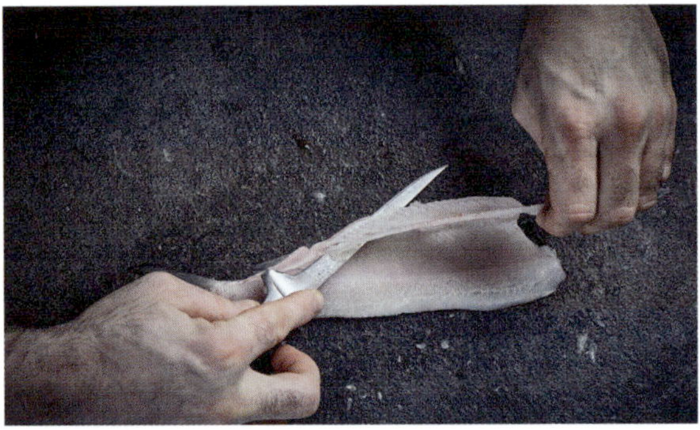

Alternativ Bauchgräten vorsichtig vom Bauchlappen schneiden.

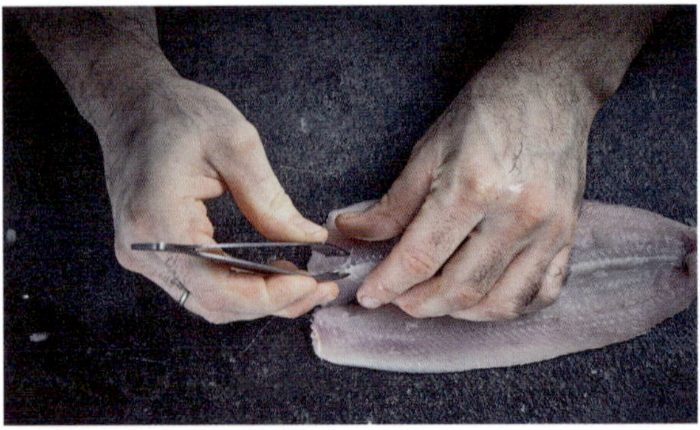

Die Gräten mit den Fingern erfühlen und mit einer Pinzette entfernen.

SCHMETTERLINGSSCHNITT

Fisch muss aber nicht immer klassisch filetiert werden: Zum Grillen ist der sogenannte Schmetterlingsschnitt eine wunderbare Option. Um Fisch zu füllen, bietet sich der umgekehrte Schmetterlingsschnitt an.

So wird's gemacht – Schmetterlingsschnitt

Den noch nicht ausgenommenen Fisch vom Kopf zum Schwanz den Rücken entlang auf beiden Seiten längs der Mittelgräte einschneiden. Kurz vor dem Schwanzende aufhören. Mit einer Schere die Mittelgräte am Kopf- und Schwanzende durchtrennen und samt der Innereien herausnehmen. Den Kopf eventuell abtrennen, den Fisch vorsichtig öffnen und die Bauchgräten herausschneiden. Eignet sich gut, um auf der Hautseite gebraten oder gegrillt und wieder zusammengeklappt zu werden. Der Vorteil gegenüber dem umgekehrten Schmetterlingsschnitt ist, dass die Rückenflosse entfernt wird und der Fisch so besser gebraten werden kann.

So wird's gemacht – Umgekehrter Schmetterlingsschnitt

Den Fisch ausnehmen und den Kopf abtrennen. In der Bauchhöhle vom Schwanzende zum Kopf hin auf beiden Seiten der Mittelgräte entlang schneiden und die Rippengräten dabei durchtrennen. Mittelgräte an Schwanz und Kopfende mit einer Schere durchtrennen und herausziehen. Aufklappen und Bauchgräten wegschneiden. Gut geeignet, um den Fisch nun zu füllen und wieder zusammenzuklappen.

Für den umgekehrten Schmetterlingsschnitt zunächst den Kopf und die Kiemen abtrennen.

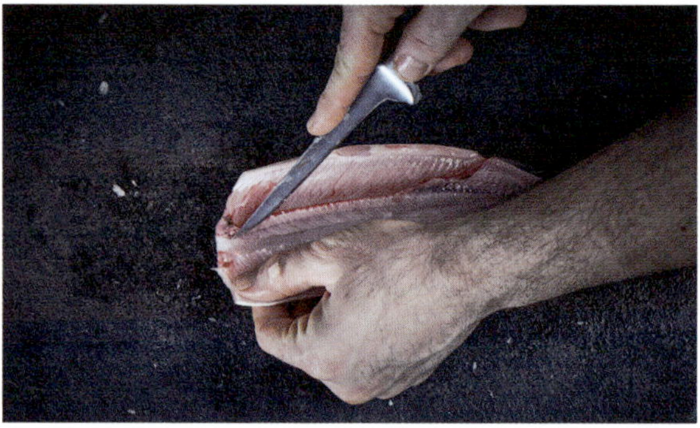

Den Fisch aufklappen und innen ...

... auf beiden Seiten entlang der Mittelgräte schneiden, ...

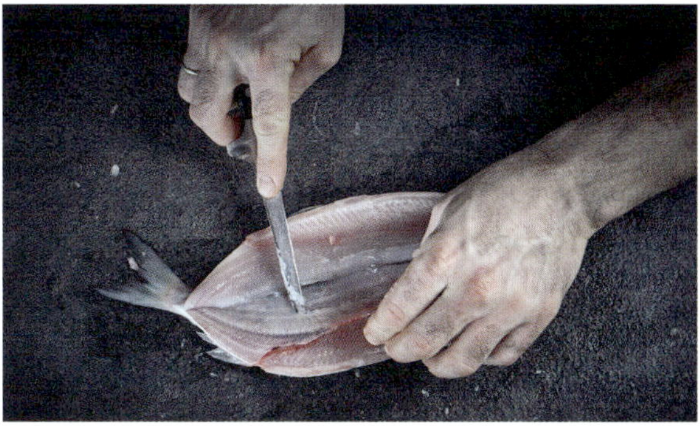

... sodass sie von den Bauchgräten getrennt ist.

Mit einer Schere kurz vorm Schwanzende die Mittelgräte durchschneiden und herausziehen.

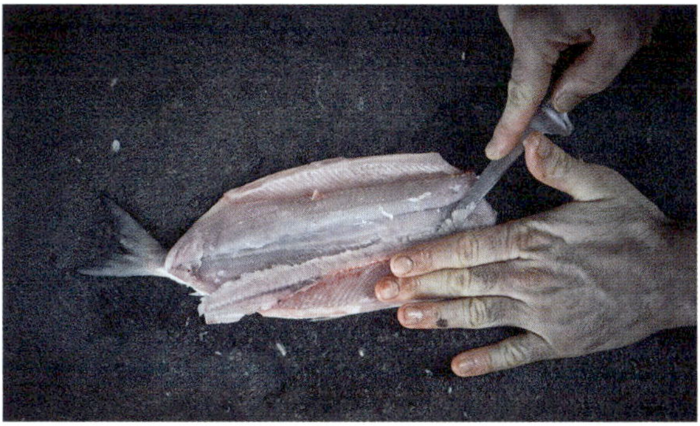

Die Bauchgräten von den Bauchlappen schneiden.

SCHRÖPFEN

Das Schröpfen ist eine wunderbare Technik, um sehr grätenreiche Fische auch für Leute mit Grätenabneigung genießbar zu machen. Der Fisch bzw. das Filet wird dafür alle paar Millimeter eingeschnitten, sodass die Gräten in sehr kleine Stücke zerschnitten werden und beim Essen kaum mehr spürbar sind. Wenn noch knusprige oder kernige Zutaten wie Brösel, gehackte Kapern oder gebratener Speck auf den Fisch gestreut werden, fallen die Gräten beim Essen noch weniger auf. Vor allem Weißfische und karpfenartige Fische werden in der traditionellen österreichischen Fischküche fast immer geschröpft. Schröpfen funktioniert vor allem bei kleineren Fischen bis etwa 500 g sehr gut. Bei größeren Exemplaren sind die Gräten mitunter zu hart.

Zusätzlich zum Schröpfen können Fischfilets auch noch gesäuert werden: Dafür werden sie nach dem Einschneiden mit Zitrussaft (oder anderen sauren Flüssigkeiten) beträufelt. Die Säure löst die Gräten auf oder macht sie zumindest weich. Aber Achtung: Da sie auch das Fischfleisch gart – das Eiweiß wird wie unter Hitzeeinfluss denaturiert –, sollte das Säuern erst wenige Minuten vor der Zubereitung erfolgen.

Meist werden Filets auf der Fleischseite geschröpft, es können aber auch ganze Fische auf der Hautseite geschröpft werden – bei Steckerlfischen oder im Ganzen frittierten Fischen ist das gängige Praxis. Mit etwas

Übung ist ein ganzer Fisch in wenigen Sekunden geschröpft, aber auch für Anfänger ist die Technik nicht schwer zu meistern.

So wird's gemacht – Ganze Fische

Den Fisch so auf ein Brett legen, dass der Bauch näher beim Koch liegt und der Kopf nach rechts schaut. Vom Schwanzende her den Fisch mit einem scharfen Messer alle 5 mm, beginnend an der dicksten Stelle, über die ganze Fischbreite einschneiden. Tief genug schneiden, um die Gräten zu zerteilen, aber nicht durch das ganze Filet durchschneiden. Bis etwa zur Mitte des Fisches wiederholen. Dann nur in der oberen Hälfte (dem Rücken) bis zum Kopf weiterschneiden. Fertig geschröpften Fisch als Steckerlfisch grillen.

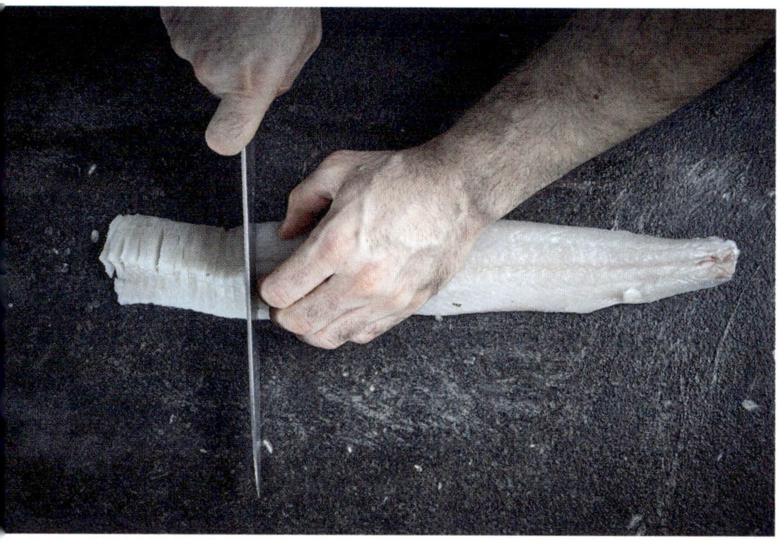

So wird's gemacht – Filet

Die Bauchgräten entfernen, falls sie noch am Filet sind. Das Filet mit der Hautseite auf ein Brett legen. Am Kopfende beginnend mit einem scharfen Messer alle 5 mm an der dicksten Stelle einen Schnitt machen, tief genug, um die Gräten zu durchtrennen, aber nicht bis ganz hinunter auf die Haut. Je nach Filetgröße und Fischart variiert die Tiefe der Schnitte ein wenig. Kurz vor dem Grillen mit ein wenig Zitronensaft oder Essig beträufeln und maximal 10 Minuten ziehen lassen. Anschließend auf der Hautseite grillen, bis sie knusprig sind, kurz wenden und ein paar Sekunden die Fleischseite fertig garen.

Der Vordere Langbathsee auf 664 Meter Seehöhe: Das Wasser ist eher frisch, Seesaibling und Seeforelle fühlen sich hier besonders wohl.

Barben und andere Weißfische eignen sich gut für alle Rezepte mit Fischfaschiertem.

FASCHIEREN

Faschieren ist eine fantastische Technik, um grätenreiche Fische auch für Grätenhasser köstlich zu machen. Besonders gut geeignet sind festfleischige, geschmacksintensive Weißfische wie Rotfedern, Rotaugen und Hechte: vor dem Faschieren filetieren und die Mittel- und Bauchgräten entfernen. Die Haut kann zwar mitfaschiert werden, ohne Haut ist das Ergebnis aber besser und feiner.

So wird's gemacht

Wie auch bei Fleisch ist es wichtig, möglichst eiskalt zu faschieren. Die Filets und den Fleischwolf also am besten vor dem Faschieren kurz in den Tiefkühler legen. Etwaige Aromaten wie Zwiebeln, Gewürze oder rohes Gemüse können gleich mitfaschiert werden. Danach gut kneten, damit die Masse bindet.

Mit dem Faschierten lässt sich dann vieles machen: In Bröseln paniert und gebacken werden selbst gemachte Fischstäbchen daraus, zu kleinen Bällchen geformt und mit Kartoffelteig umhüllt ergibt es Fischknödel. Für die Zubereitung am Grill formt man entweder Laibchen für Burger oder umhüllt Kebapspieße mit der Masse.

RÄUCHERN

Egal, welchen Fisch Sie räuchern, er muss immer vorher eingesalzen werden, sonst schmeckt das Ergebnis einfach nicht. Schuppen Sie ganze Fische außerdem vor dem Räuchern nicht. Das sorgt für eine schönere Farbe, schützt das zarte Fleisch und verhindert, dass es kleben bleibt. Und, ganz wichtig: Räucherfisch immer lauwarm genießen. Kalt schmeckt er höchstens als Aufstrich gut.

Am besten funktioniert Räuchern in einem Räucherofen, aber auch der Griller eignet sich – man muss dabei nur die Temperatur im Auge behalten.

Das Holz

Jeder Räucherer hat seine eigenen Vorlieben beim Holz. Ich persönlich schätze Buche sehr, vor allem für Salmoniden (Forelle, Saibling, Reinanke). Am besten ist Buchenmoder bzw. Holz, das schon länger im Wald gelegen ist und sich ein wenig wie Kork anfühlt. Das gibt ein besonders schönes Aroma, und der Rauch kratzt nicht im Hals, wie das bei Räuchermehl manchmal passiert. Für Aal und andere fette Fische wie Karpfen sind meiner Meinung nach Obsthölzer wie Kirsche oder Apfel perfekt geeignet. Erlaubt ist, was schmeckt – bloß von Nadelhölzern sollten Sie lieber die Finger lassen, weil die zu harzig sind. Falls Sie kein Holz, sondern Räuchermehl verwenden, lagern Sie stets einen Apfel oder eine andere Frucht mit dem Mehl, damit es nicht ganz austrocknet und ein wenig Aroma bekommt.

Der Koch im Bootshaus, dem Namensgeber
seines mit 4 Hauben ausgezeichneten Restaurants
in Traunkirchen am Traunsee.

Salzkammergut-Klassiker:
zum Räuchern vorbereitete Reinanken

Die Temperatur

Generell wird zwischen Kalt- und Heißräuchern unterschieden. Beim Kalträuchern gibt der Rauch nur Aroma, beim Heißräuchern wird der Fisch auch gegart. Das heißt: Kalträuchern bei maximal 30 °C, gerne auch deutlich weniger, Heißräuchern bei rund 70 bis 120 °C. Die klassischen Räucherfische des Salzkammerguts, die Reinanken, werden im Ganzen bei etwa 90 °C 20 Minuten geräuchert. Und zwar so, dass die Bauchöffnung nach oben zeigt. Dann rinnt der austretende Saft nicht davon, sondern zieht wieder in das Fleisch, sobald der Fisch auskühlt. Filets vertragen so hohe Hitze allerdings nicht gut. Ich räuchere sie gerne bei etwa 50 °C für 10 Minuten.

Experimentieren Sie und probieren Sie aus, was Ihnen am besten gefällt. Generell gilt: Je zarter der Fisch, desto sanfter sollte geräuchert werden – ein Wels oder Stör verträgt höhere Räuchertemperaturen als ein Saibling.

So wird's gemacht

Den Fisch entweder im Ganzen in einer 8- bis 10-prozentigen Salzlake (80 bis 100 g Salz pro Liter Wasser) 12 Stunden beizen oder die Filets kräftig mit Salz einreiben, mindestens 90 Minuten ziehen lassen und dann gut abwaschen. Vor dem Räuchern mindestens 2 Stunden an der Luft trocknen lassen. Dann die ganzen Fische von beiden Seiten angrillen, die Filets nur auf der Hautseite. Die Glut so anordnen, dass die Fische nicht direkt darüber liegen. Etwas abkühlen lassen und Holzspäne oder Räuchermehl darauf verteilen. Den Deckel schließen und ganze Fische 15 bis 20 Minuten räuchern, Filets 10 Minuten. Die Fische herausnehmen und etwas abkühlen lassen.

FLUSSKREBSE VORBEREITEN

Flusskrebse werden so gut wie immer lebend verkauft und müssen vor dem Zubereiten getötet werden. Es gibt zwei Methoden: eine relativ schonende, aber in Österreich zum Zeitpunkt des Erscheinens dieses Buches nicht legale, und eine weniger tierfreundliche, die jedoch vom Gesetzgeber gebilligt wird. In beiden Fällen müssen die Krebse etwa 20 Minuten vor der Weiterverarbeitung in den Tiefkühler gelegt werden, damit sie in Kältestarre verfallen. Gegrillt werden Flusskrebse immer in der Schale.

So wird's gemacht – Methode 1

Die Krebse aus dem Tiefkühler nehmen und mit dem Bauch nach unten auf ein Brett legen. Mit der Spitze eines großen, spitzen Messers in der Mitte des Kopfes ansetzen, sodass die Schneide zum vorderen Ende des Krebses zeigt, und mit einem kräftigen Schnitt den Kopf spalten. Das Messer wenden und den Krebs zum Schwanz hin halbieren.

So wird's gemacht – Methode 2

Einen großen Topf Wasser zum Kochen bringen – pro Kilo Krebse 10 Liter Wasser oder zehnmal so viel Wasser wie Krebse. Wenn das Wasser wallend kocht, die Krebse aus dem Tiefkühler nehmen, in das kochende Wasser legen und etwa 90 Sekunden garen lassen. Sollten Sie mehrere Kilo Krebse zubereiten wollen, aber keinen so riesigen Topf haben, arbeiten Sie in mehreren Durchgängen. Mit einem Schaumlöffel herausheben und in Eiswasser abschrecken. Für die Verwendung in der Küche kann der Krebs nun weiter zerlegt werden, zum Grillen wird er halbiert.

Lukas Nagl lebt am Attersee (im Bild) und arbeitet am benachbarten Traunsee. Fische sind hier Grundnahrungsmittel.

ÜBER DEN KOCH

Nach internationalen Stationen und Top-Adressen wie dem Steirereck ist Lukas Nagl nun seit mehr als zwölf Jahren Chefkoch des Restaurant Bootshaus am Traunsee. Seit 2019 breitet er dort mit seinem Küchenteam regionale Produkte auf 4-Hauben-Niveau zu, der Gault&Millau kürte ihn zum „Koch des Jahres 2023". Der gebürtige Oberösterreicher lebt mit seiner Familie am Attersee. Keiner kennt und verkocht den Fischreichtum des Salzkammerguts so gut wie er.

Sämtliche Angaben in diesem Werk erfolgen trotz sorgfältiger Bearbeitung ohne Gewähr. Eine Haftung der Autoren bzw. Herausgeber und des Verlages ist ausgeschlossen.

1. Auflage

Gesetzt aus der Hoefler Text

Medieninhaber, Verleger und Herausgeber:
Red Bull Media House GmbH
Oberst-Lepperdinger-Straße 11–15
5071 Wals bei Salzburg, Österreich

Coverdesign: Matthias Preindl
Umschlaggestaltung und Satz: wir sind artisten
Text: Tobias Müller & Caroline Metzger

Bilder: Georg Kukuvec, außer: S. 8/9, 34, 50/51, 92, 98/99, 100, 103: stock.adobe.com; S. 21, 30, 33, 37, 49, 53–57, 77, 78, 87, 88, 119–129, 132, 133, 136, 142, 144: Helge und Patrick Kirchberger; S. 59: Lukas Nagl; S. 105–115: Sophia Angerer

Gedruckt in Tschechien von Finidr
ISBN 978-3-7104-0382-8